Impressum
Verlag: BABADADA GmbH, Nedderfeld 112 , 22529 Hamburg
Geschäftsführer / Verlagsleitung: Harald Hof
Druck: Books on Demand GmbH, In de Tarpen 42, 22848 Norderstedt

Imprint
Publisher: BABADADA GmbH, Nedderfeld 112 , 22529 Hamburg, Germany
Managing Director / Publishing direction: Harald Hof
Print: Books on Demand GmbH, In de Tarpen 42, 22848 Norderstedt

škola
colegio

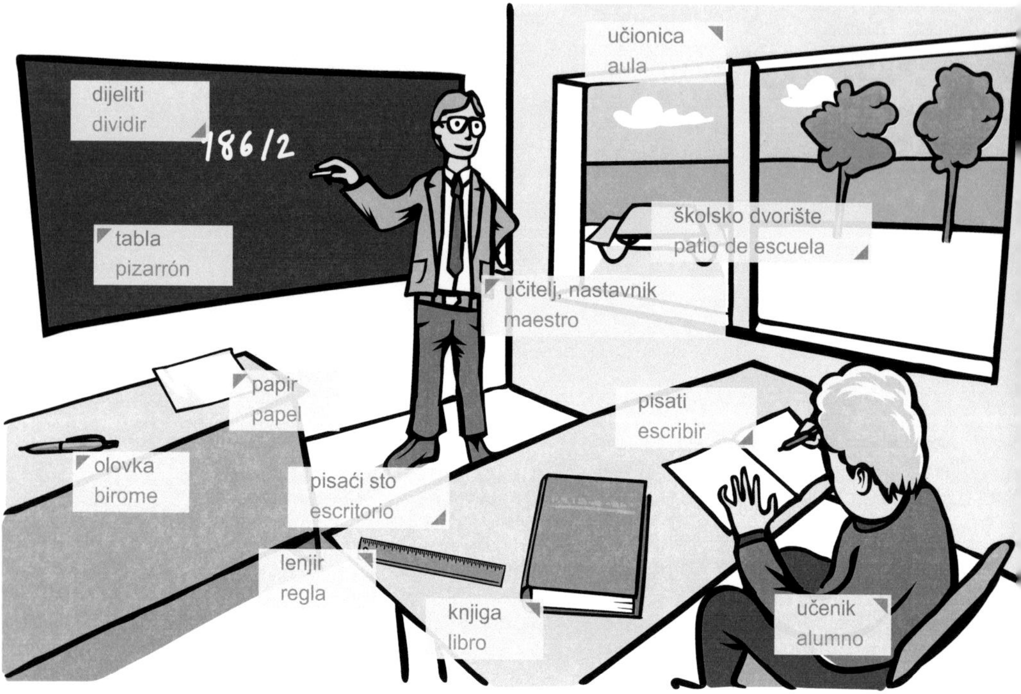

učionica
aula
dijeliti
dividir
186/2
tabla
pizarrón
školsko dvorište
patio de escuela
učitelj, nastavnik
maestro
papir
papel
pisati
escribir
olovka
birome
pisaći sto
escritorio
lenjir
regla
knjiga
libro
učenik
alumno

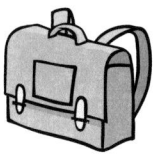

torba

mochila

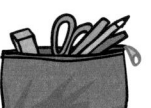

pernica

caja de lápices

drvena olovka

lápiz

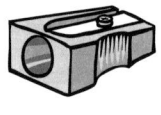

šiljalo za olovke

sacapuntas

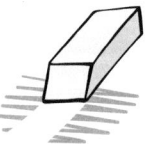

gumica

goma (de borrar)

blok za crtanje

bloc de dibujo

crtež

dibujo

kist

pincel

kutija s bojama

caja de pinturas

makaze

tijera

ljepilo

pegamento

vježbanka

cuaderno de ejercicios

domaća zadaća

tarea

broj

número

sabirati

sumar

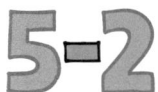

oduzimati

restar

množiti

multiplicar

računati

calcular

slovo

letra

abeceda

abecedario

riječ

palabra

tekst

texto

čitati

leer

kreda

tiza

sat

lección

školski dnevnik

cuaderno de clase

ispit

examen

svjedočanstvo

certificado

školska uniforma

uniforme escolar

izobrazba

educación

leksikon

enciclopedia

univerzitet

universidad

mikroskop

microscopio

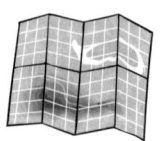

karta

mapa

korpa za papir

tacho (de basura)

putovanje
viaje

hotel
hotel
Grand
hostel
hostel
ROOMS
mjenjačnica
casa de cambio
kofer
valija
auto
auto

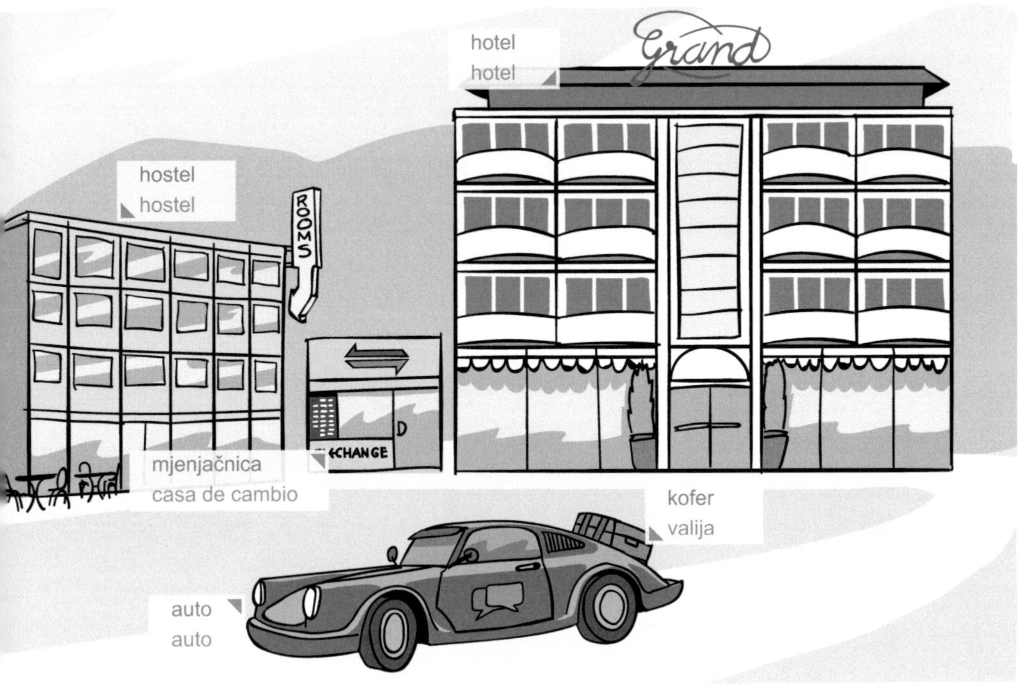

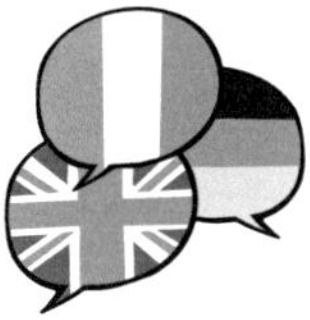

jezik

idioma

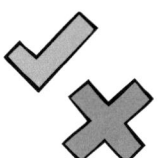

da / ne

sí / no

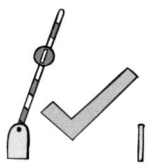

okej

Está bien

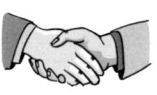

zdravo

hola

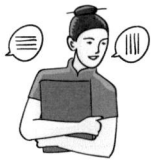

tumač

traductor

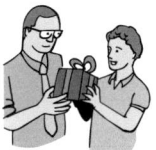

hvala

Gracias

Koliko košta...?

¿cuánto cuesta...?

Ne razumijem

No entiendo

problem

problema

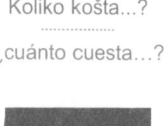

dobro veče!

¡Buenas tardes!

Dobro jutro!

¡Buenos días!

Laku noć!

¡Buenas noches!

doviđenja

adiós

smjer

dirección

prtljag

equipaje

torba

bolso

ruksak

mochila

gost

invitado

soba

habitación

vreća za spavanje

bolsa de dormir

šator

carpa

turističke informacije

información turística

plaža

playa

kreditna kartica

tarjeta de crédito

doručak

desayuno

ručak

almuerzo

večera

cena

putna karta

pasaje

lift

ascensor

poštanska markica

sello

granica

frontera

carina

aduana

ambasada

embajada

viza

visa

pasoš

pasaporte

avion
avión

brod
barco

vatrogasno vozilo
autobomba

autobus
colectivo

kamion
camión

motorni čamac
lancha a motor

biciklo
bicicleta

auto
auto

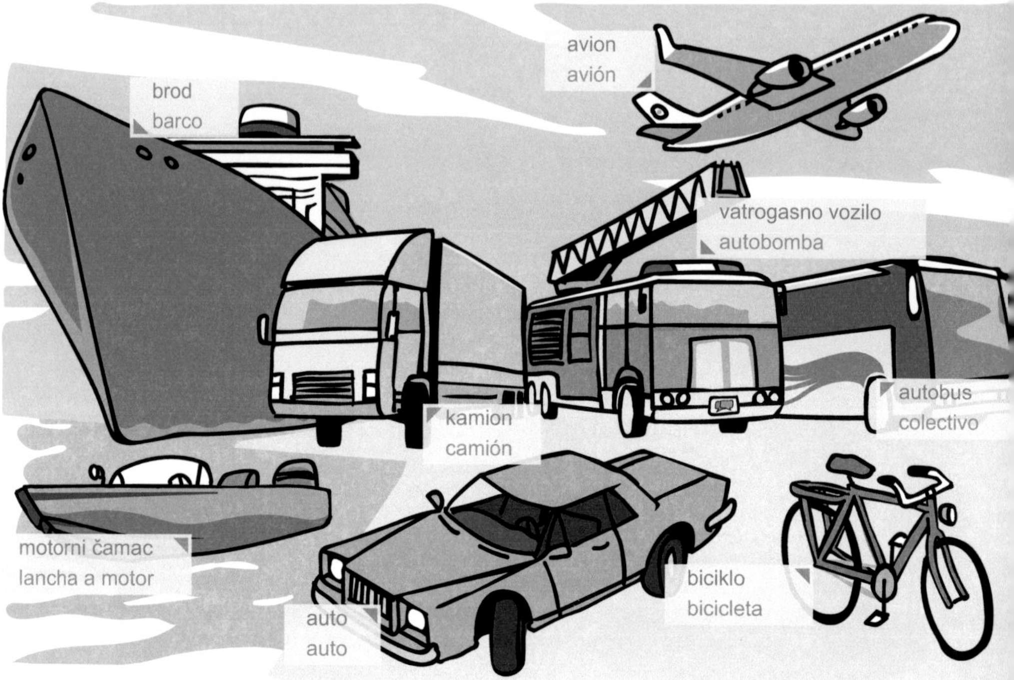

trajekt
ferry

brod
bote

motocikl
moto

policijski automobil
patrullero

trkaći automobil
auto de carreras

unajmljeni automobil
auto de alquiler

8

transport - transporte

kar-šering

alquiler de autos

pauk

grúa

smećarsko vozilo

camión de basura

motor

motor

gorivo

nafta

benzinska pumpa

estación de servicio

saobraćajni znak

señal de tránsito

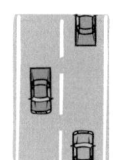

saobraćaj

tránsito

zastoj

embotellamiento

parking

estacionamiento

željeznička stanica

estación de tren

šine

vías

voz

tren

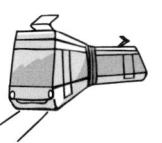

tramvaj

tranvía

vagon

vagón

helikopter
helicóptero

aerodrom
aeropuerto

toranj
torre

putnik
pasajero

kontejner
contenedor

karton
caja de cartón

tačke
carretilla

korpa
canasta

poletjeti / sletjeti
despegar / aterrizar

grad
ciudad

selo
pueblo

centar grada
centro de ciudad

kuća
casa

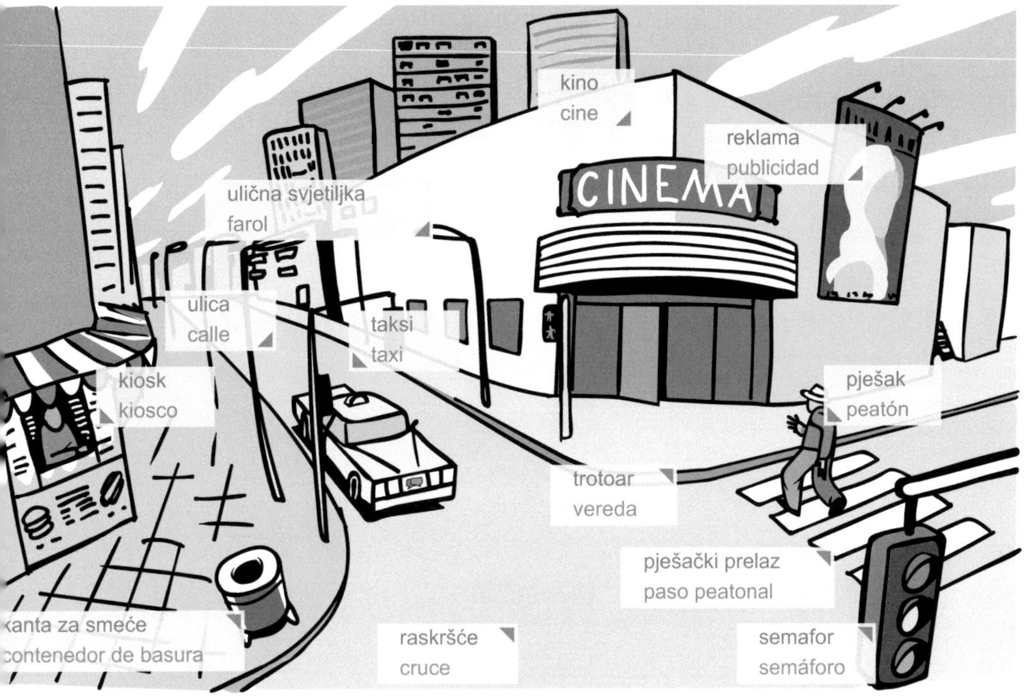

kino
cine

reklama
publicidad

ulična svjetiljka
farol

ulica
calle

taksi
taxi

kiosk
kiosco

CINEMA

pješak
peatón

trotoar
vereda

pješački prelaz
paso peatonal

kanta za smeće
contenedor de basura

raskršće
cruce

semafor
semáforo

koliba

cabaña

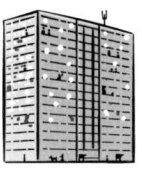

stan

departamento

željeznička stanica

estación de tren

vjećnica

municipalidad

muzej

museo

škola

colegio

grad - ciudad

univerzitet
universidad

banka
banco

bolnica
hospital

hotel
hotel

apoteka
farmacia

ured
oficina

knjižara
librería

radnja
negocio

cvjećara
florería

supermarket
supermercado

pijaca
mercado

robna kuća
grandes tiendas

prodavač ribe
pescadería

trgovački centar
centro comercial

luka
puerto

park

parque

klupa

banco

most

puente

stepenice

escaleras

podzemna željeznica

subte

tunel

túnel

autobuska stanica

parada del colectivo

bar

bar

restoran

restaurante

poštanski sandučić

buzón

saobraćajni znak

letrero

sat za naplatu parkinga

parquímetro

zološki vrt

zoológico

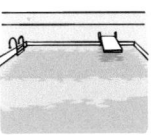

bazen

pileta

džamija

mezquita

seosko imanje
granja

zagađenje okoline
contaminación

groblje
cementerio

crkva
iglesia

igralište
juegos infantiles

hram
templo

krajolik
paisaje

list
hoja

putokaz
poste indicador

putokaz
camino

livada
pradera

kamen
piedra

drvo
árbol

putnik
excursionista

rijeka
río

trava
hierba

cvijet
flor

dolina

valle

brdo

montaña

jezero

lago

šuma

bosque

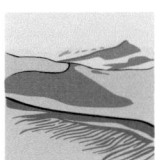

pustinja

desierto

vulkan

volcán

dvorac

castillo

duga

arco iris

gljiva

champiñón

palma

palmera

komarac

mosquito

muha

mosca

mrav

hormiga

pčela

abeja

pauk

araña

buba

escarabajo

žaba

rana

vjeverica

ardilla

jež

erizo

zec

liebre

sova

lechuza

ptica

pájaro

labud

cisne

divlja svinja

jabalí

jelen

ciervo

los

alce

brana

presa

vjetrenjača

aerogenerador

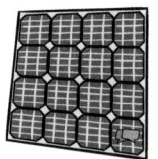

solarni modul

panel solar

klima

clima

16   krajolik - paisaje

restoran
restaurante

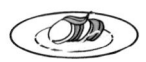

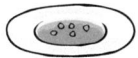

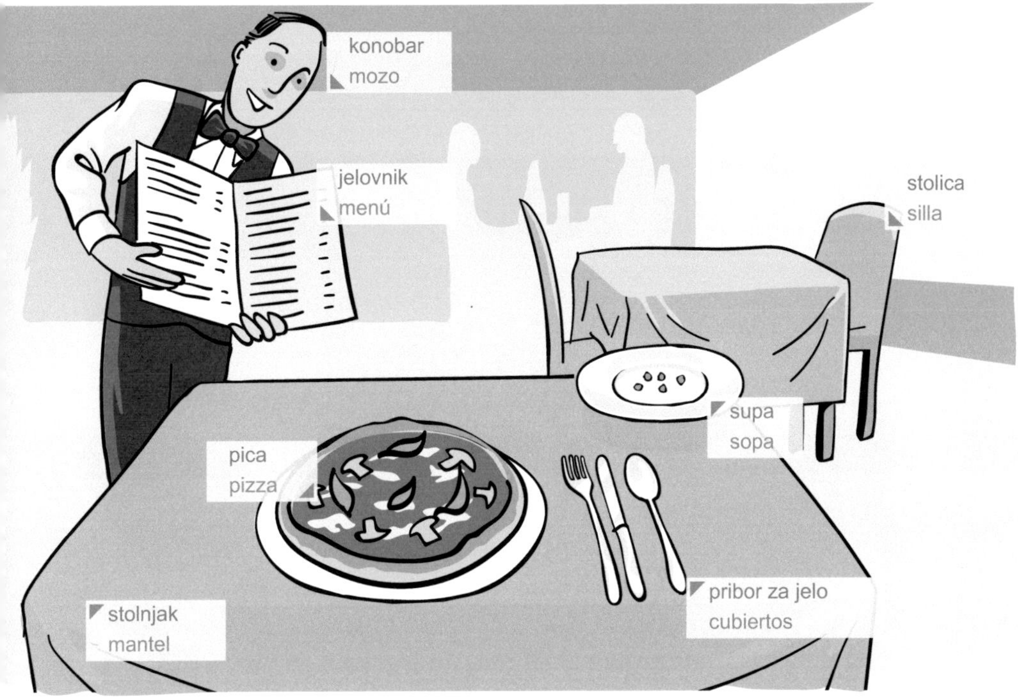

konobar
mozo
jelovnik
menú
stolica
silla
supa
sopa
pica
pizza
stolnjak
mantel
pribor za jelo
cubiertos

predjelo

entrada

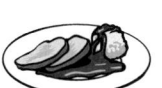

glavno jelo

plato principal

desert

postre

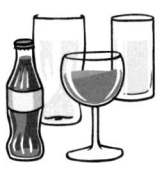

piće

bebidas

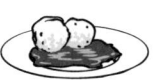

jelo

comida

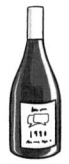

flaša

botella

brza hrana

comida rápida

jelo sa ulice

comida callejera

čajnik

tetera

šećernica

azucarera

porcija

porción

mašina za espreso

cafetera expreso

barska stolica

sillita alta

račun

cuenta

tacna

bandeja

nož

cuchillo

viljuška

tenedor

kašika

cuchara

kašičica

cucharita

salveta

servilleta

čaša

vaso

restoran - restaurante

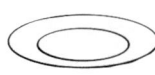

tanjir

plato

tanjir za supu

plato hondo

tanjurić

plato

sos

salsa

solanik

salero

mlin za biber

molinillo de pimienta

sirće

vinagre

ulje

aceite

začini

especias

kečap

kétchup

senf

mostaza

majoneza

mayonesa

supermarket
supermercado

ponuda
oferta especial
FOR
klijent
cliente
mliječni proizvodi
lácteos
voće
fruta
kolica za kupovinu
changuito

BUTCHERS

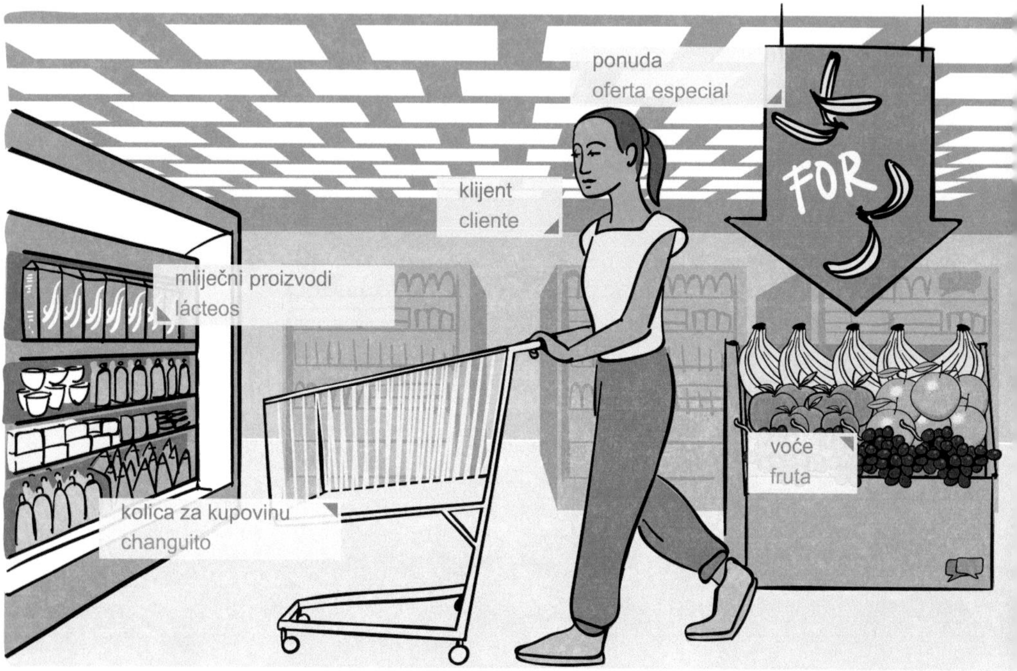

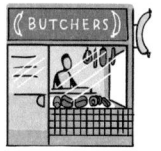

mesnica- klaonica

carnicería

BAKERY

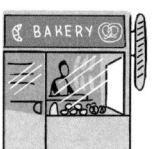

pekara

panadería

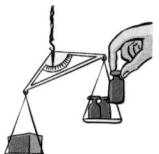

vagati

pesar

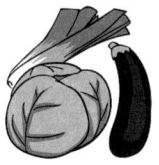

povrće

verduras

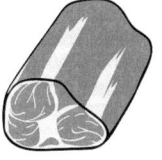

meso

carne

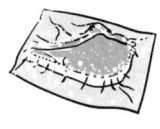

zaleđena hrana

alimentos congelados

narezak

fiambres

konzerve

alimentos enlatados

prašak za veš

detergente en polvo

slatkiši

golosinas

kućanski proizvodi

electrodomésticos

sredstvo za čišćenje

productos de limpieza

prodavačica

vendedora

kasa

caja

blagajnik

cajero

lista za kupovinu

lista de compras

radno vrijeme

horario de atención

novčanik

billetera

kreditna kartica

tarjeta de crédito

torba

cartera

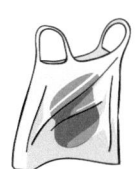

najlonska vrećica

bolsa de plástico

voda

agua

sok

jugo

mlijeko

leche

kola

bebida cola

vino

vino

pivo

cerveza

alkohol

alcohol

kakao

cacao

čaj

té

kafa

café

espreso

café expreso

kapućino

cappuccino

banana

banana

jabuka

manzana

narandža

naranja

lubenica

melón

limun

limón

mrkva

zanahoria

bijeli luk

ajo

bambus

bambú

crveni luk

cebolla

gljiva

champiñón

orašasti plodovi

nueces

pasta

fideos

špagete

tallarines

riža

arroz

salata

ensalada

pomfrit

papas fritas

pečeni krompir

papas fritas

pica

pizza

hamburger

hamburguesa

sendvič

sándwich

šnicla

churrasco

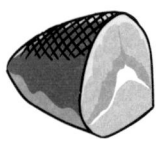

šunka

jamón

kobasica

salame

kobasica

salchicha

kokoš

pollo

pečenje

asado

riba

pescado

zobene pahuljice

copos de avena

muzli

muesli

kornfleks

copos de maíz

brašno

harina

kroason

medialuna

zemičke

pancito

kruh

pan

tost

tostada

keksi

galletitas

maslac

manteca

svježi sir

cuajada

kolač

torta

jaje

huevo

jaje na oko

huevo frito

sir

queso

sladoled

helado

šećer

azúcar

med

miel

marmelada

mermelada

nugat krema

pasta de chocolate

kuri

curry

jelo - comida

seosko imanje
granja

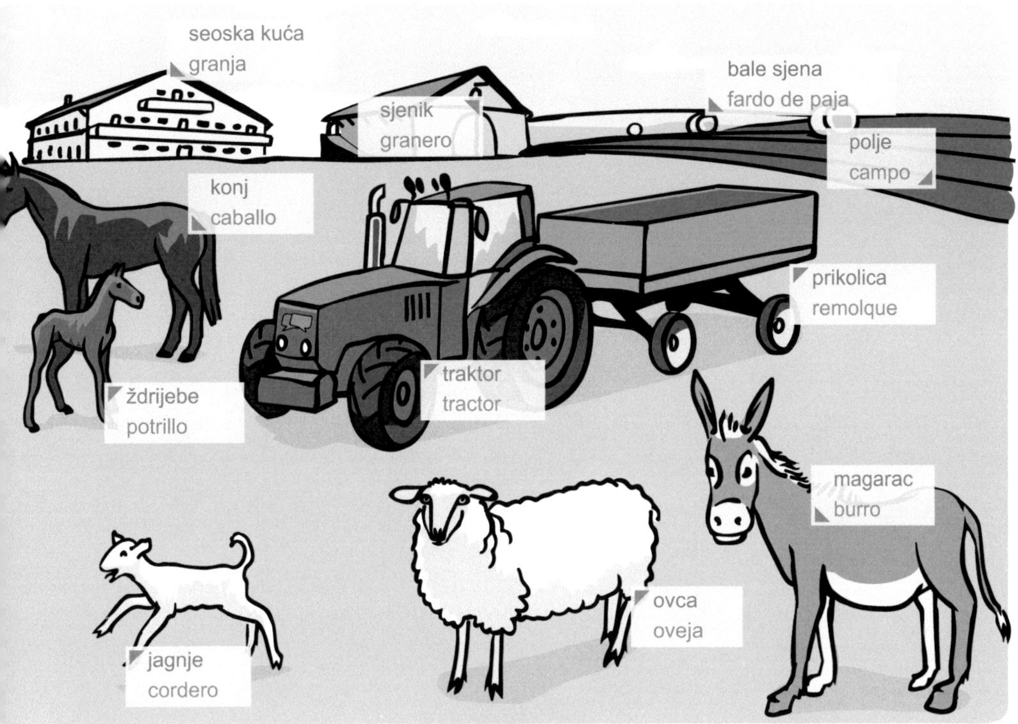
seoska kuća
granja
sjenik
granero
bale sjena
fardo de paja
polje
campo
konj
caballo
prikolica
remolque
traktor
tractor
ždrijebe
potrillo
magarac
burro
ovca
oveja
jagnje
cordero

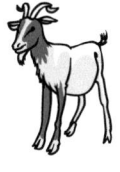

koza

cabra

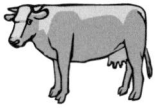

krava

vaca

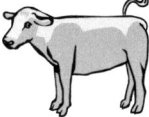

tele

ternero

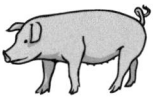

svinja

cerdo

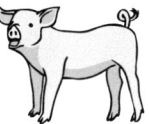

prase

lechón

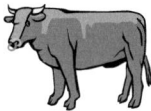

bik

toro

guska

ganso

patka

pato

pile

pollo

kokoška

gallina

pjetao

gallo

pacov

rata

mačka

gato

miš

ratón

vol

buey

pas

perro

pseća kućica

cucha

crijevo za baštu

manguera

kanta za zalijevanje

regadera

kosa

guadaña

plug

arado

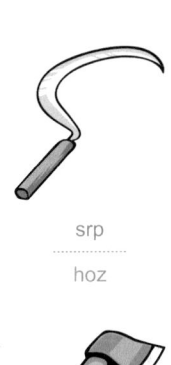

srp

hoz

motika

azada

vile

horquilla

sjekira

hacha

tačke

carretilla

korito

abrevadero

bokal za mlijeko

lechera

vreća

bolsa

ograda

reja

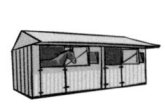

štala

establo

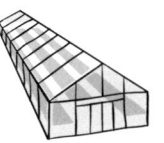

staklenik

invernadero

tlo

suelo

sjeme

semilla

đubrivo

fertilizador

kombajn

cosechadora

kositi

cosechar

žetva

cosecha

jam korijen

batatas

pšenica

trigo

soja

soja

krompir

papa

kukuruz

maíz

uljana repica

semilla de colza

drvo voća

árbol frutal

manioka

mandioca

žito

cereales

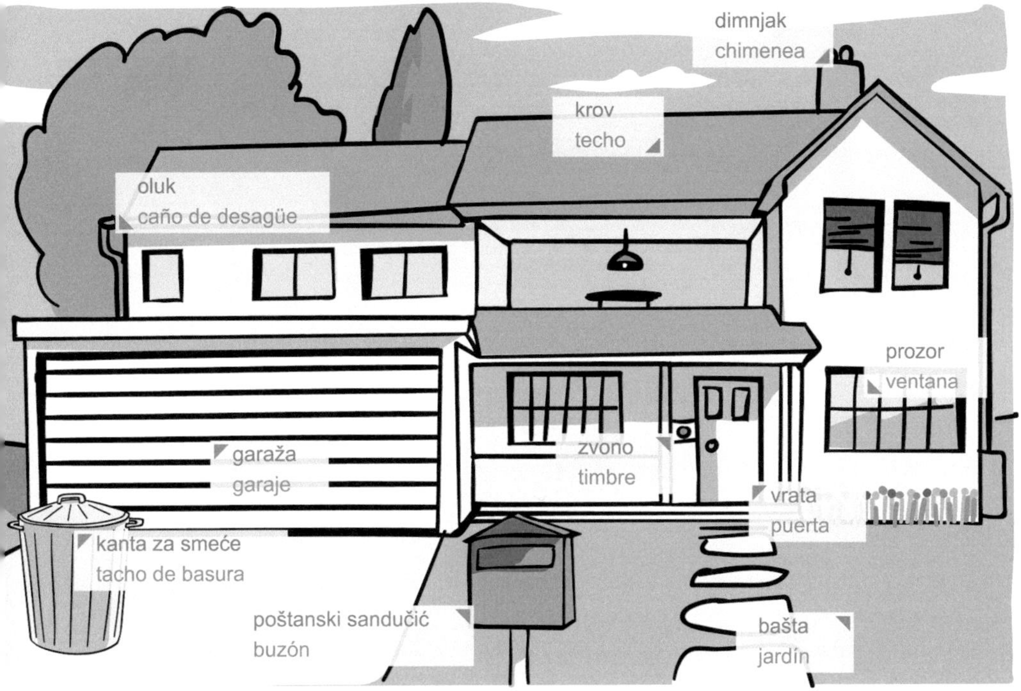

dimnjak
chimenea

krov
techo

oluk
caño de desagüe

prozor
ventana

garaža
garaje

zvono
timbre

vrata
puerta

kanta za smeće
tacho de basura

poštanski sandučić
buzón

bašta
jardín

dnevni boravak

living

kupatilo

baño

kuhinja

cocina

spavaća soba

dormitorio

dječija soba

cuarto de los chicos

trpezarija

comedor

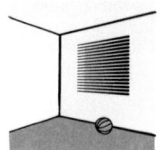

pod, tlo

piso

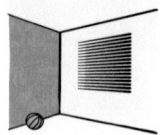

zid

pared

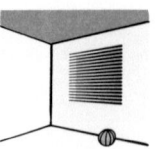

plafon

cielorraso

podrum

sótano

sauna

sauna

balkon

balcón

terasa

terraza

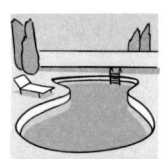

bazen

pileta

kosilica

cortadora de pasto

posteljina

sábana

pokrivač

acolchado

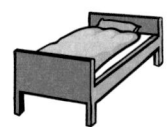

krevet

cama

metla

escoba

kanta

balde

prekidač

interruptor

dnevni boravak

living

tapeta
empapelado
fotografija
imagen
lampa
lámpara
polica
estante
ormar
armario
televizija
televisión
dimnjak
chimenea
cvijet
flor
jastuk
almohadón
kauč
sofá
vaza
florero
daljinski upravljač
control remoto

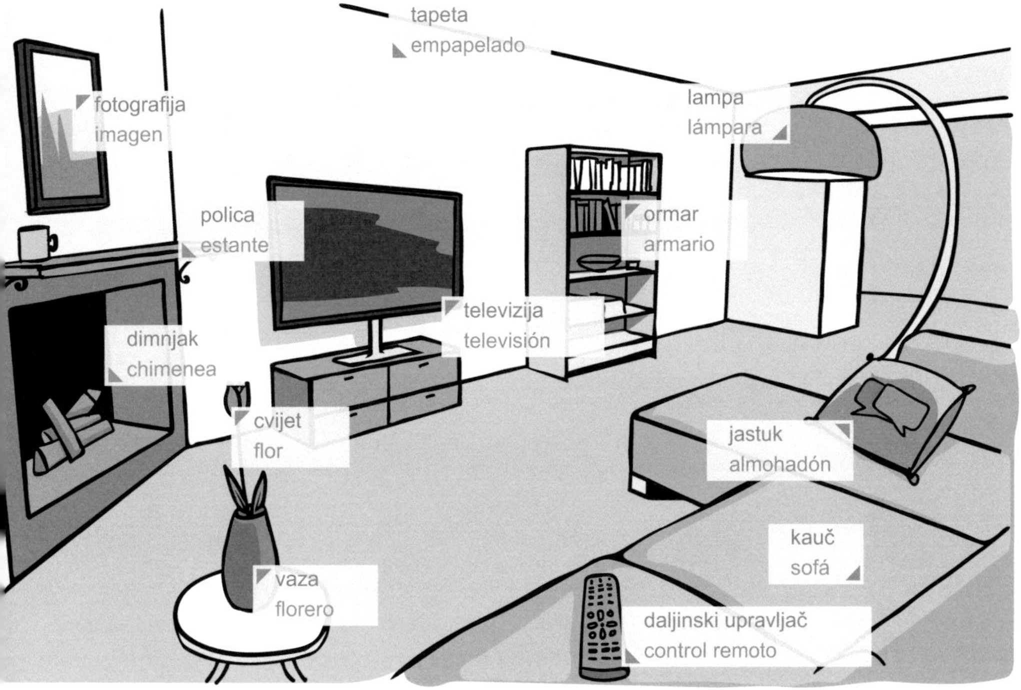

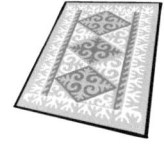

tepih

alfombra

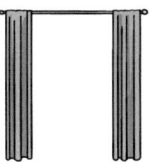

zavjesa

cortina

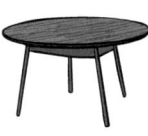

stol

mesa

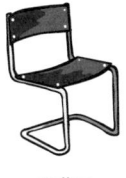

stolica

silla

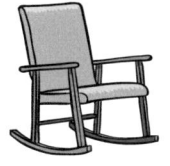

stolica za ljuljanje

mecedora

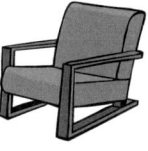

fotelja

sillón

knjiga

libro

deka

frazada

dekoracija

decoración

ložno drvo

leña

film

película

stereo uređaj

equipo de música

ključ

llave

novine

diario

umjetnička slika

pintura

poster

póster

radio

radio

blok za bilješke

cuaderno

usisavač

aspiradora

kaktus

cactus

svijeća

vela

kuhinja
cocina

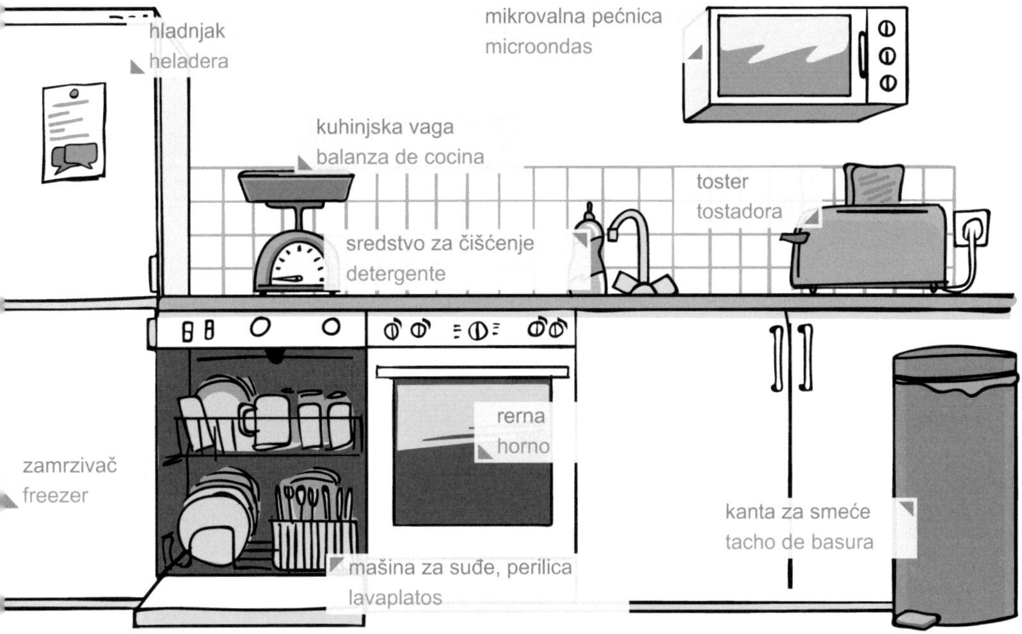
hladnjak
heladera
mikrovalna pećnica
microondas
kuhinjska vaga
balanza de cocina
toster
tostadora
sredstvo za čišćenje
detergente
rerna
horno
zamrzivač
freezer
kanta za smeće
tacho de basura
mašina za suđe, perilica
lavaplatos

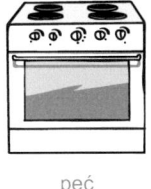

peć

cocina

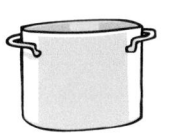

lonac

olla

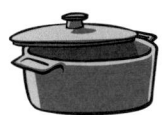

metalni lonac

olla de hierro fundido

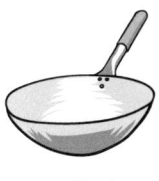

vok / kadai

wok

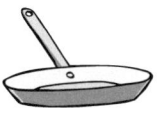

tava, tiganj

sartén

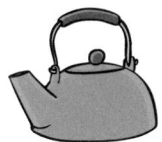

kuhalo

pava

aparat za kuhanje na pari
vaporera

lim za pečenje
bandeja de horno

posuđe
vajilla

šalica
taza

činija
bol

kineski štapići
palitos

kutlača
cucharón

lopatica
estpátula

metlica za snijeg bjelanjca
batidora

sito za kuhanje
colador

sito
colador

ribež
rallador

avan s tučkom
mortero

roštilj
parrilla

ložište
fogata

daska

tabla de picar

oklagija

palo de amasar

vadičep

sacacorchos

konzerva

lata

otvarač za konzerve

abrelatas

krpe za lonac

manopla

sudoper

pileta

četka

cepillo

spužva

esponja

mikser

batidora

zamrzivač

congelador

flašica za bebu

mamadera

slavina

canilla

kupatilo
baño

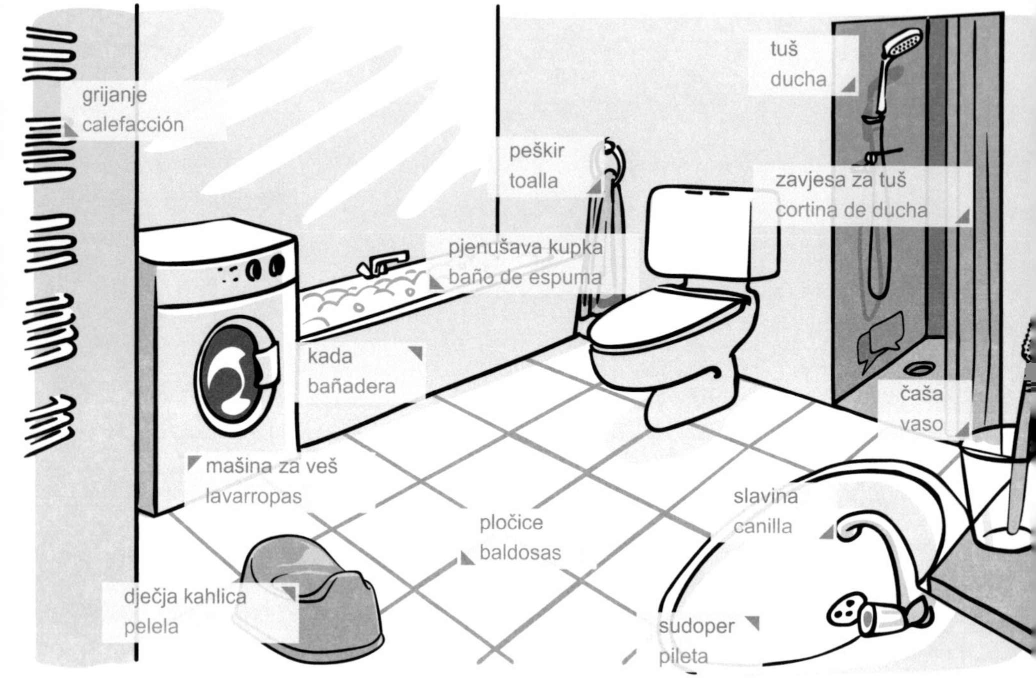

tuš
ducha

grijanje
calefacción

peškir
toalla

zavjesa za tuš
cortina de ducha

pjenušava kupka
baño de espuma

kada
bañadera

čaša
vaso

mašina za veš
lavarropas

slavina
canilla

pločice
baldosas

dječja kahlica
pelela

sudoper
pileta

toalet

inodoro

čučavac

letrina

bide

bidé

pisoar

mingitorio

toalet papir

papel higiénico

četka za wc

cepillo para el inodoro

četkica za zube

cepillo de dientes

pasta za zube

dentífrico

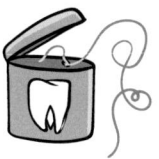

zubni konac

hilo dental

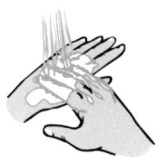

prati

lavar

tuš

ducha de mano

intimni tuš

ducha higiénica

lavor

palangana

četka za leđa

cepillo para espalda

sapun

jabón

gel za tuširanje

gel de ducha

šampon

shampoo

krpe za pranje

toallita

odvod

desagüe

krema

crema

dezodorans

desodorante

ogledalo

espejo

ogledalo za šminkanje

espejito

brijač

maquinita de afeitar

pjena za brijanje

espuma de afeitar

vodica poslije brijanja

aftershave

češalj

peine

četka

cepillo

fen

secador de pelo

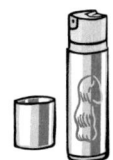

sprej za kosu

spray

puder

maquillaje

karmin

lápiz de labios

lak za nokte

esmalte para uñas

vata

algodón

makazice za nokte

tijera para uñas

parfem

perfume

kozmetička torbica

portacosméticos

hoklica

banqueta

vaga

balanza

kupaći ogrtač

bata

rukavice za čišćenje

guantes de goma

tampon

tampón

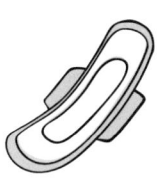

uložak za dame

toallita femenina

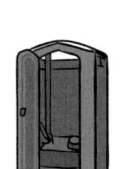

hemijski toalet

baño químico

djecija soba

cuarto de los chicos

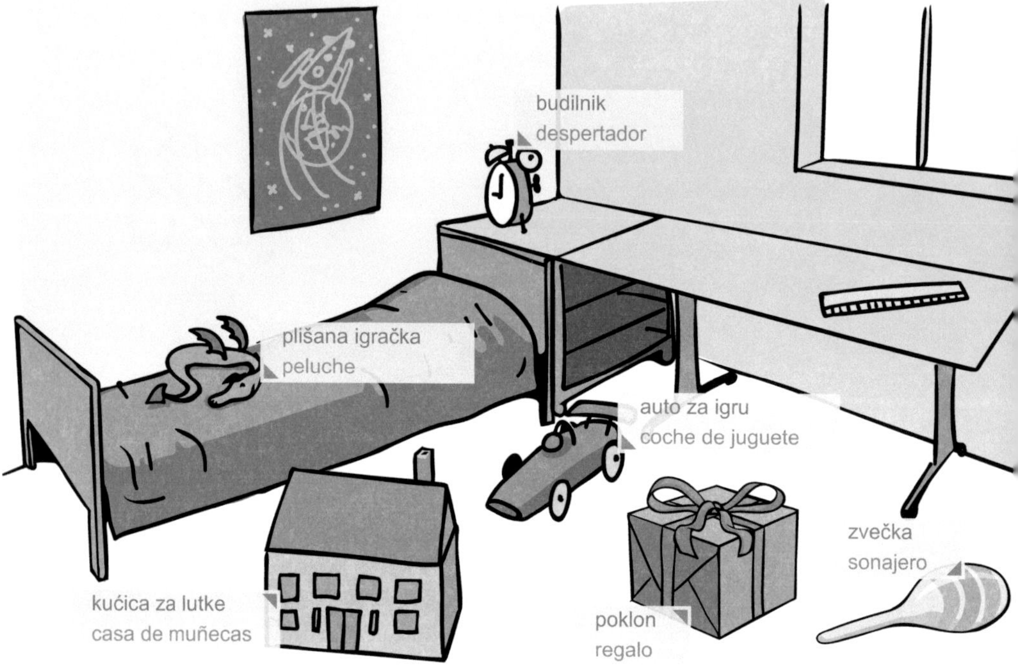
budilnik
despertador
plišana igračka
peluche
auto za igru
coche de juguete
zvečka
sonajero
kućica za lutke
casa de muñecas
poklon
regalo

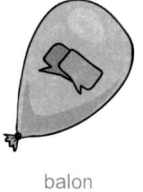

balon

globo

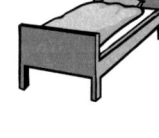

krevet

cama

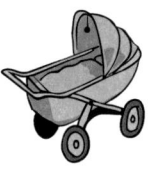

kolica za djecu

cochecito

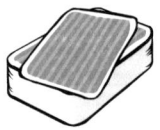

karte za igranje

cartas

puzle

rompecabezas

SUPER MEGA

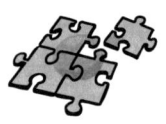

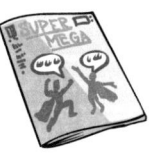

strip

historieta

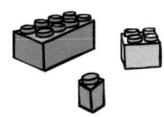

lego kockice

piezas de lego

kockice za gradnju

ladrillos de juguete

akcione figure

figura de acción

benkica

enterito (de bebé)

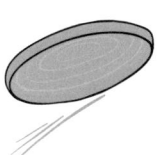

frizbi

frisbee

mobile

móvil para bebés

igra na ploči

juego de mesa

kocka

dados

miniatura željeznice

tren eléctrico

cucla

chupete

zabava

fiesta

slikovnica

libro de cuentos ilustrado

lopta

pelota

lutka

muñeca

igrati

jugar

pješćanik

arenero

ljuljačka

hamaca

igračke

juguetes

konzola za igru

consola de videojuegos

triciklo

triciclo

medvjedić

osito de peluche

ormar

armario

odjeća

ropa

kratke čarape

medias

čarape

medias panty

hulahopke

calzas

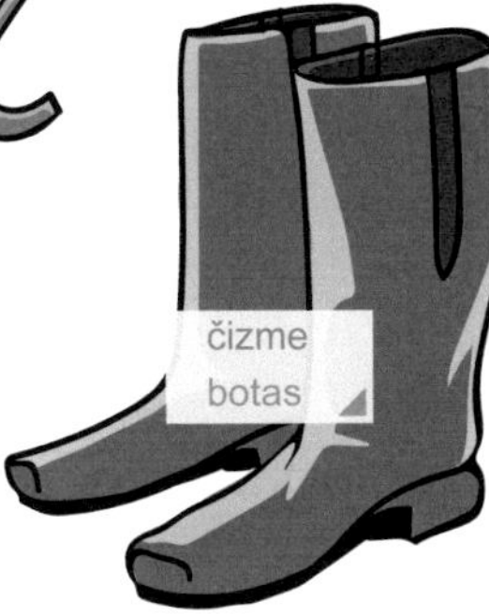

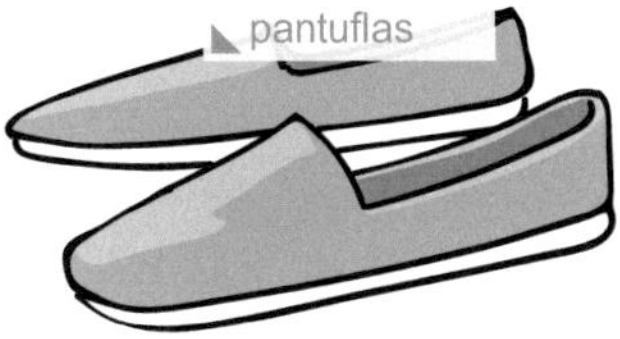

šal
bufanda

kišobran
paraguas

kaiš
cinturón

majica kratkih rukava
remera

čizme
botas

papuče
pantuflas

patike
zapatillas

sandale
....
sandalias

cipele
....
zapatos

gumene čizme
....
botas de goma

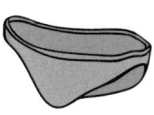
gaće
....
ropa interior

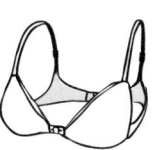
grudnjak
....
corpiño

potkošulja
....
chaleco

odjeća - ropa

bodi

body

hlače

pantalones

farmerke

jeans

suknja

pollera

bluza

blusa

košulja

camisa

džemper

pulóver

majica

buzo

sako

blazer

jakna

campera

mantil

tapado

kišni mantil

piloto

kostim

traje

haljina

vestido

vjenčanica

vestido de novia

odijelo
traje

spavaćica
camisón

pidžama
pijama

sari
sari

marama
pañuelo para cabeza

turban
turbante

burka
burka

kaftan
caftán

abaja
abaya

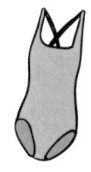

kupaći kostim
traje de baño

kupaće gaće
short de baño

kratke hlače
shorts

trenerka
jogging

pregača
delantal

rukavice
guantes

dugme

botón

naočare

anteojos

narukvica

pulsera

ogrlica

collar

prsten

anillo

naušnica

aro

kapa

gorra

vješalica

percha

šešir

sombrero

kravata

corbata

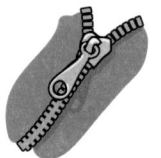

patentni zatvarač

cierre

kaciga

casco

tregeri za hlače

tiradores

školska uniforma

uniforme escolar

uniforma

uniforme

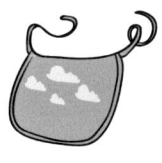

podbradak

babero

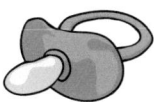

cucla

chupete

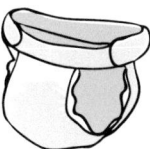

pelene

pañal

ured

oficina

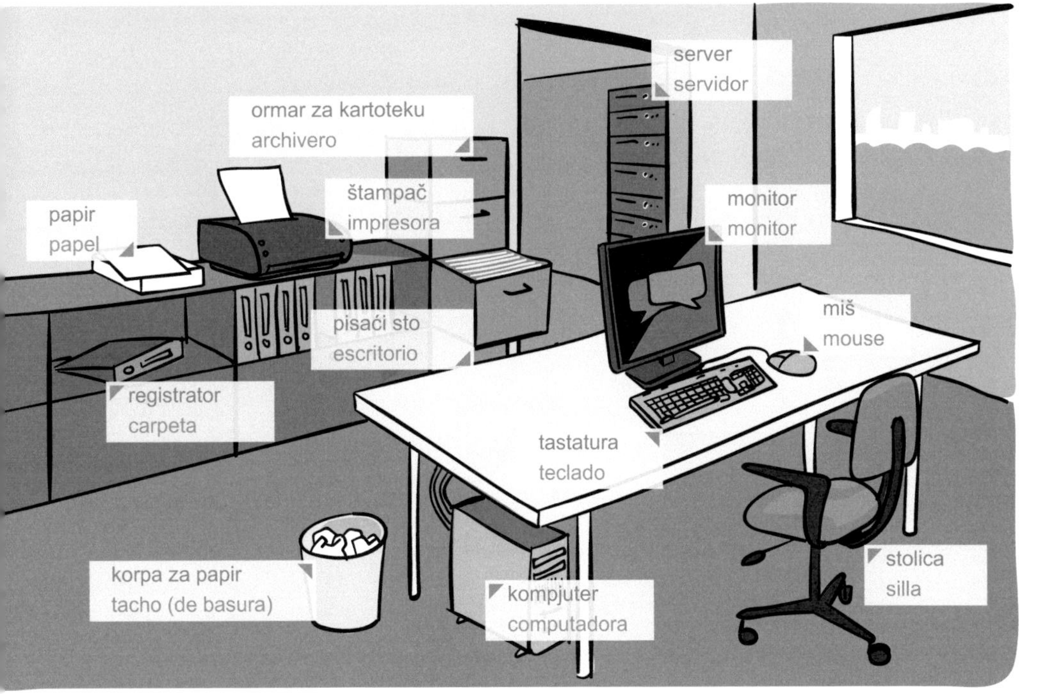
server
servidor
ormar za kartoteku
archivero
štampač
impresora
papir
papel
monitor
monitor
miš
mouse
pisaći sto
escritorio
registrator
carpeta
tastatura
teclado
korpa za papir
tacho (de basura)
kompjuter
computadora
stolica
silla

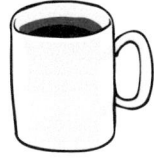

šolja za kafu

taza de café

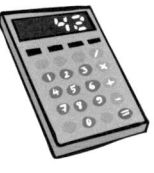

kalkulator

calculadora

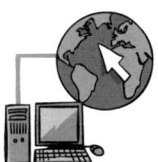

internet

internet

laptop

laptop

pismo

carta

poruka

mensaje

mobilni telefon

celular

mreža

red

aparat za kopiranje

fotocopiadora

softver

software

telefon

teléfono

utičnica

tomacorriente

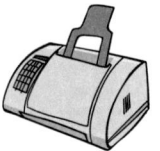

faks

fax

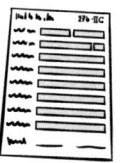

formular

formulario

dokument

documento

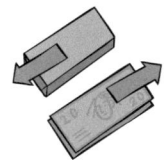

kupovati

comprar

platiti

pagar

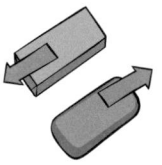

trgovati

hacer negocios

novac

dinero

 **USD**

dolar

dólar

 **EUR**

euro

euro

JPY

jen

yen

RUB

rublja

rublo

CHF

franak

franco suizo

CNY

renminbi jen

yuan

INR

rupi

rupia

bankomat

cajero automático

mjenjačnica

casa de cambio

zlato

oro

srebro

plata

nafta

petróleo

energija

energía

cijena

precio

ugovor

contrato

porez

impuesto

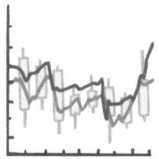

akcija

acción

raditi

trabajar

službenik

empleado

poslodavac

empleador

fabrika

fábrica

radnja

negocio

zanimanja
ocupaciones

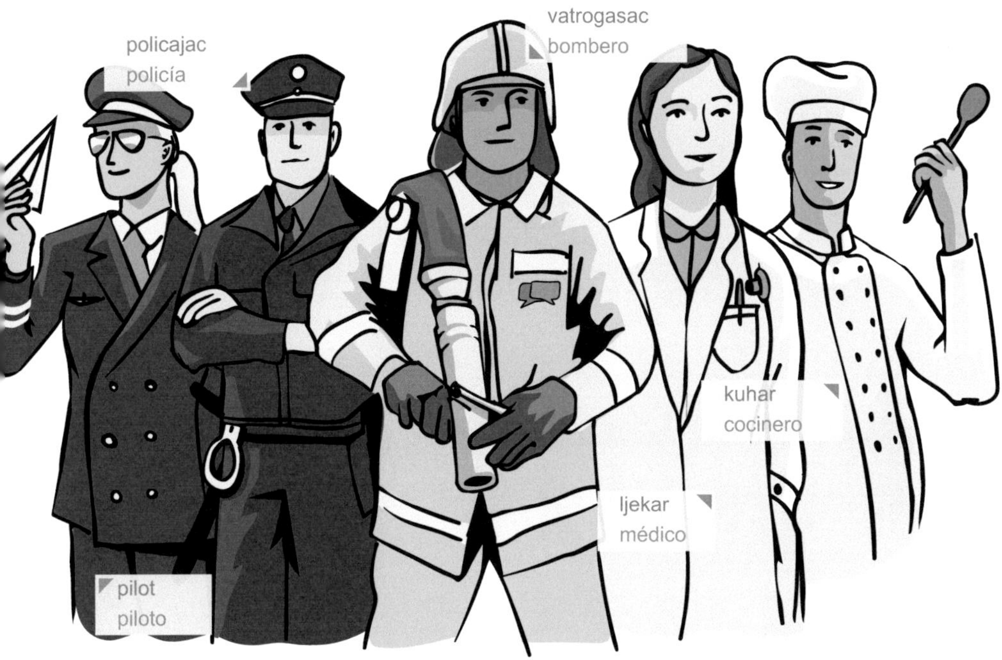

vatrogasac
bombero
policajac
policía
kuhar
cocinero
ljekar
médico
pilot
piloto

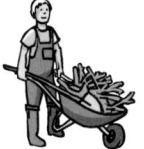

baštovan

jardinero

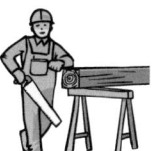

stolar

carpintero

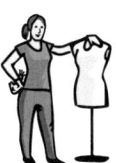

krojačica

modista

sudija

juez

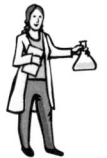

hemičar

farmacéutico

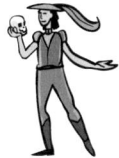

glumac

actor

vozač autobusa

colectivero

vozač taksija

taxista

ribar

pescador

čistačica

mucama

krovopokrivač

techista

konobar

mozo

lovac

cazador

moler

pintor

pekar

panadero

električar

electricista

građevinski radnik

albañil

inženjer

ingeniero

koljač

carnicero

limar, vodoinstalater

plomero

poštar

cartero

vojnik

soldado

arhitekta

arquitecto

blagajnik

cajero

cvjećar

florista

frizer

peluquero

kontrolor

cobrador

mehaničar

mecánico

kapiten

capitán

zubar

dentista

naučnik

científico

rabin

rabino

imam

imán

monah

monje

sveštenik

sacerdote

zanimanja - ocupaciones

alat

herramientas

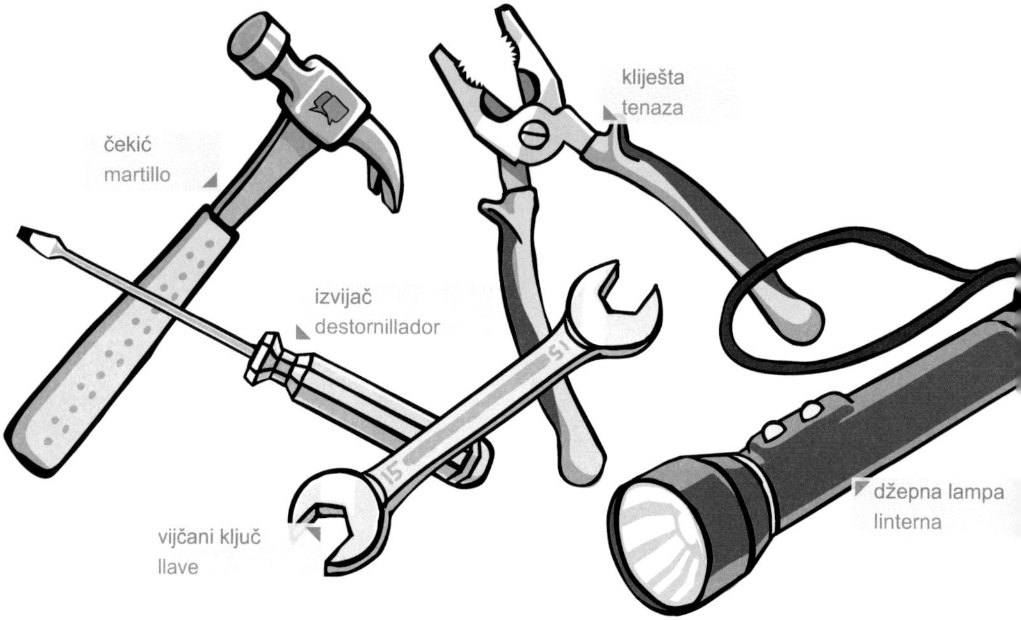

čekić
martillo
kliješta
tenaza
izvijač
destornillador
vijčani ključ
llave
džepna lampa
linterna

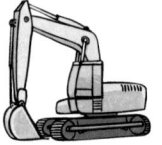

bager

excavadora

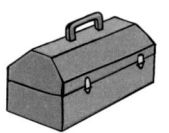

kutija sa alatom

caja de herramientas

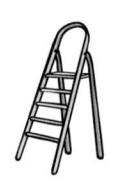

ljestve

escalera portátil

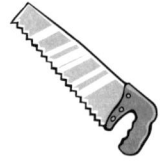

testera, pila

sierra

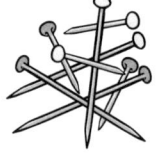

ekser

clavos

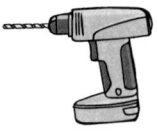

bušilica

taladro

popraviti

arreglar

lopata

pala de jardín

sranje!

¡Qué bronca!

lopatica

pala de plástico

kanta boje

tacho de pintura

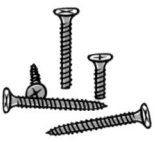

vijak

tornillos

muzički instrumenti

instrumentos musicales

zvučnik
parlante

bubnjevi
batería

gitara
guitarra

kontrabas
contrabajo

truba
trompeta

klavir

piano

violina

violín

bas

bajo

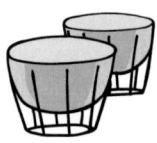

bubanj timpani

timbales

bubanj

tambor

sintisajzer

teclado

saksofon

saxofón

flauta

flauta

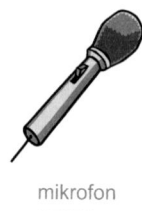

mikrofon

micrófono

zološki vrt
zoológico

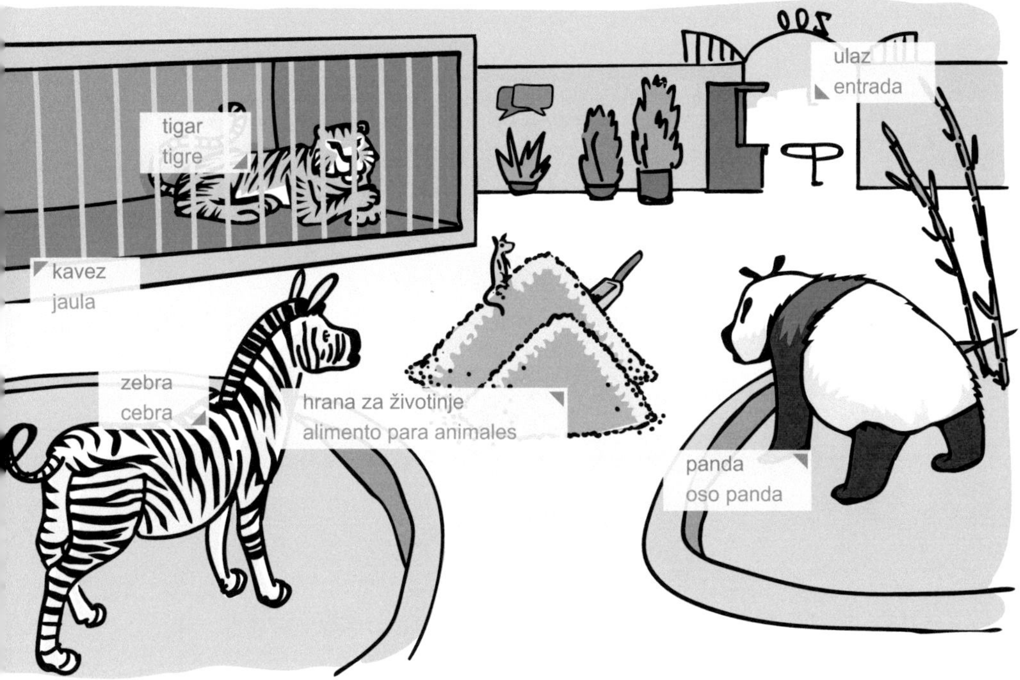
ulaz
entrada
tigar
tigre
kavez
jaula
zebra
cebra
hrana za životinje
alimento para animales
panda
oso panda

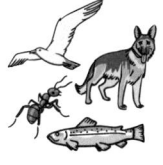

životinje

animales

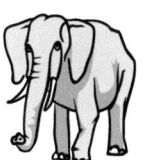

slon

elefante

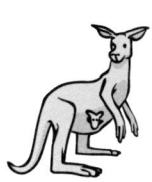

kengur

canguro

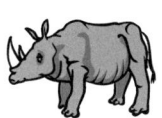

nosorog

rinoceronte

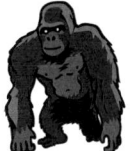

gorila

gorila

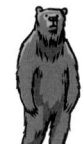

medvjed

oso

kamila

camello

noj

avestruz

lav

león

majmun

mono

flamingo

flamenco

papagaj

loro

polarni medvjed

oso polar

pingvin

pingüino

morski pas

tiburón

paun

pavo real

zmija

serpiente

krokodil

cocodrilo

čuvar u zološkom vrtu

cuidador del zoológico

tuljan

foca

jaguar

jaguar

poni

poni

leopard

leopardo

nilski konj

hipopótamo

žirafa

jirafa

orao

águila

divlja svinja

jabalí

riba

pescado

kornjača

tortuga

morž

morsa

lisica

zorro

gazela

gacela

američki fudbal
fútbol americano

vožnja bicikla
ciclismo

tenis
tenis

košarka
básquet

plivanje
natación

hokej na ledu
hockey sobre hielo

boks
boxeo

fudbal	bedminton	laka atletika
fútbol	bádminton	atletismo

rukomet	skijanje	polo
handball	esquí	polo

skakati
saltar

zagrliti
abrazar

smijati se
reír

ići
caminar

pjevati
cantar

moliti
rezar

ljubiti
besar

sanjati
soñar

pisati
escribir

crtati
dibujar

pokazati
mostrar

gurati
presionar

dati
dar

uzeti
tomar

imati

tener

raditi

hacer

biti

ser

stajati

estar parado

trčati

correr

vući

tirar

baciti

tirar

pasti

caer

ležati

estar acostado

čekati

esperar

nositi

llevar

sjediti

estar sentado

obući

vestirse

spavati

dormir

probuditi

despertar

pogledati

mirar

plakati

llorar

milovati

acariciar

češljati

peinar

govoriti

hablar

razumjeti

entender

pitati

preguntar

slušati

escuchar

piti

beber

jesti

comer

pospremiti

ordenar

voljeti

amar

kuhati

cocinar

voziti

manejar

letjeti

volar

jedriti

navegar

računati

calcular

čitati

leer

učiti

aprender

raditi

trabajar

vjenčavti

casarse

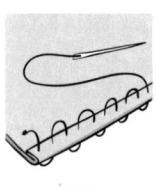

šiti

coser

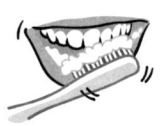

prati zube

cepillarse los dientes

ubiti

matar

pušiti

fumar

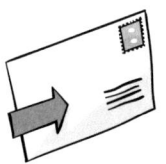

slati

enviar

baka
abuela

djed
abuelo

otac
padre

majka
madre

beba
bebé

kćerka
hija

sin
hijo

gost

invitado

ujna, tetka, strina

tía

ujak, tetak, stric

tío

brat

hermano

sestra

hermana

tijelo
cuerpo

čelo
frente
oko
ojo
lice
cara
brada
pera
grudi
pecho
prst
dedo
ruka, šaka
mano
ruka
brazo
leđa
hombro
noga
pierna

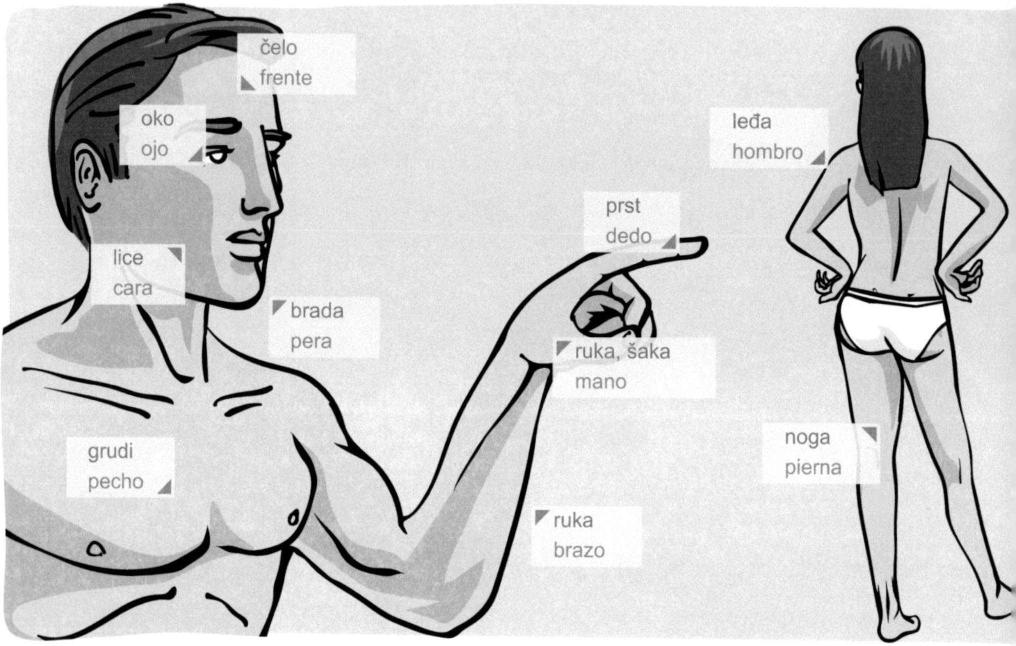

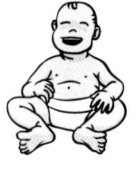

beba

bebé

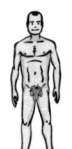

muškarac

hombre

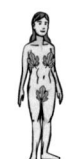

žena

mujer

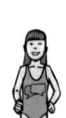

djevojčica

nena

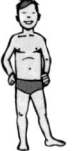

dječak

nene

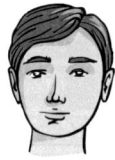

glava

cabeza

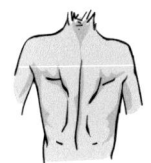

leđa

espalda

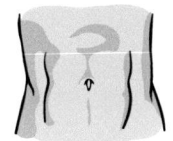

stomak

panza

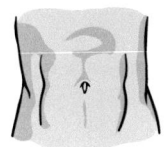

pupak

ombligo

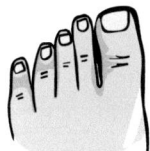

nožni prst

dedo del pie

peta

talón

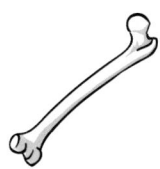

kosti

hueso

kuk

cadera

koljeno

rodilla

lakat

codo

nos

nariz

stražnjica

cola

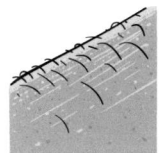

koža

piel

obraz

cachete

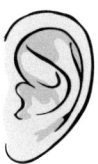

uho

oreja

usna

labio

usta
boca

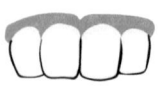

zub
diente

jezik
lengua

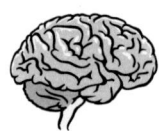

mozak
cerebro

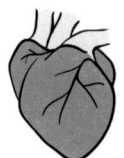

srce
corazón

mišić
músculo

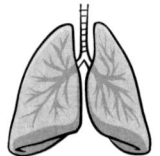

pluća
pulmón

jetra
hígado

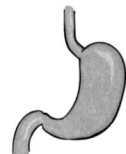

želudac
estómago

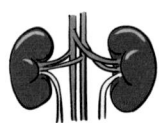

bubreg
riñones

spolni odnos
sexo

kondom
preservativo

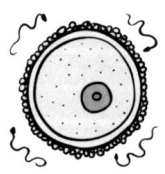

jajna ćelija
óvulo

sperma
semen

trudnoća
embarazo

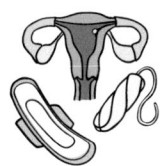

menstruacija

menstruación

vagina

vagina

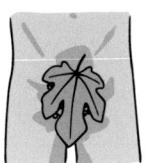

penis

pene

obrva

ceja

kosa

pelo

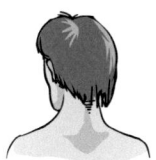

vrat

cuello

bolnica
hospital

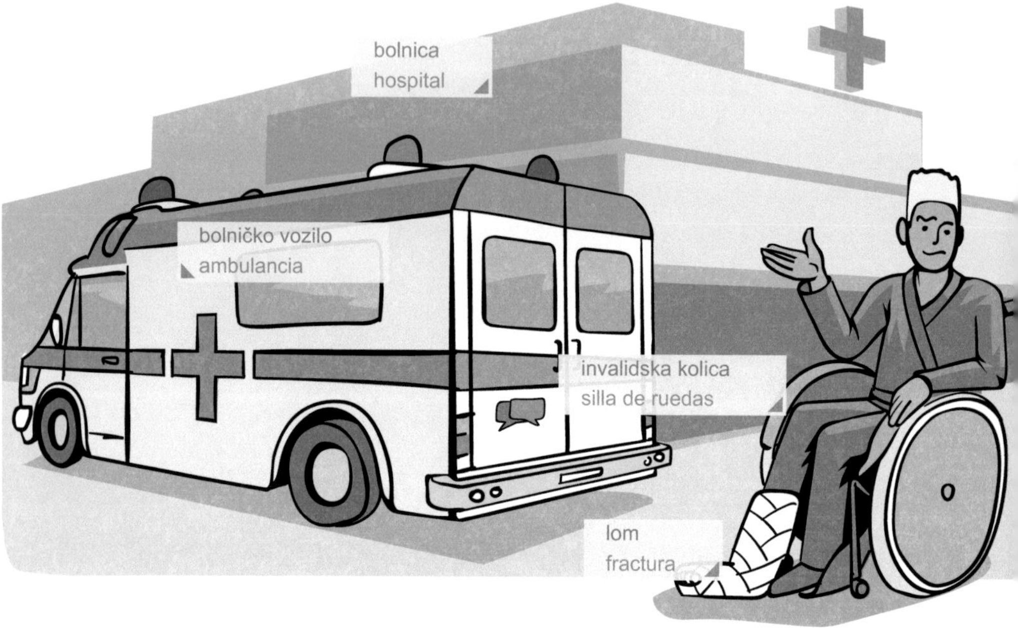

bolnica
hospital
bolničko vozilo
ambulancia
invalidska kolica
silla de ruedas
lom
fractura

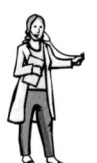

ljekar
médico

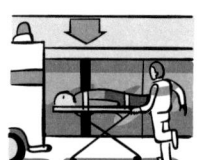

hitna služba
sala de guardia

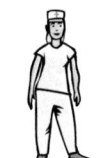

medicinska sestra
enfermera

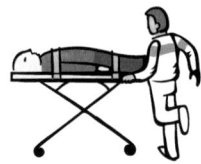

hitna pomoć
emergencia

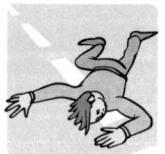

nesvjest
inconsciente

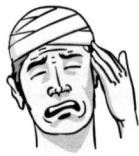

bol
dolor

povreda

lesión

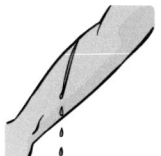

krvarenje

hemorragia

srčani udar, infarkt

infarto

moždani udar

ACV

alergija

alergia

kašalj

tos

groznica

fiebre

gripa

gripe

proljev

diarrea

glavobolja

dolor de cabeza

rak

cáncer

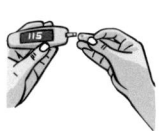

dijabetes

diabetes

hirurg

cirujano

skalpel

bisturí

operacija

operación

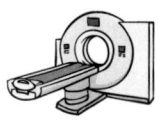

CT
TC

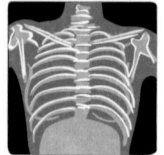

rendgen
rayos x

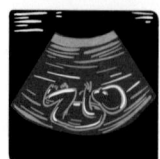

ultrazvuk
ecografía

maska
barbijo

bolest
enfermedad

čekaonica
sala de espera

štake
muleta

flaster
curita

zavoj
venda

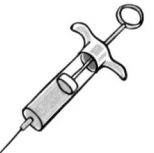

injekcija
inyección

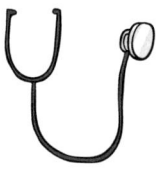

stetoskop
estetoscopio

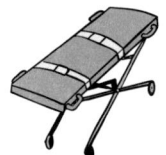

nosilo
camilla

termometar
termómetro

porod
nacimiento

prekomjerna težina, debljina

sobrepeso

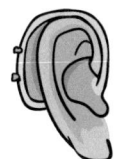

slušni aparat

audífono

sredstvo za dezinfekciju

desinfectante

infekcija

infección

virus

virus

HIV/ AIDS

VIH / SIDA

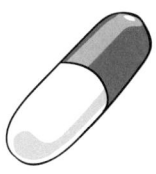

medicina

remedio

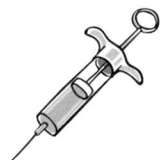

vakcinacija

vacunación

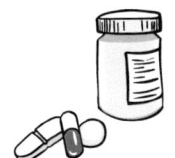

tablete

comprimidos

pilula

pastilla anticonceptiva

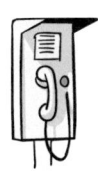

hitni poziv

llamada de emergencia

aparat za mjerenje pritiska

tensiómetro

bolestan / zdrav

enfermo / sano

Upomoć!

¡Ayuda!

alarm

alarma

napad, prepad

agresión

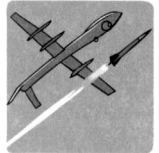

napad

ataque

opasnost

peligro

izlaz u slučaju opasnosti

salida de emergencia

Požar!

¡Fuego!

vatrogasni aparat

matafuego

nezgoda

accidente

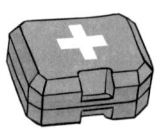

torba prve pomoći

botiquín de primeros auxilios

SOS

SOS

policija

policía

Europa

Europa

Sjeverna Amerika

América del Norte

Južna Amerika

América del Sur

Afrika

África

Azija

Asia

Australija

Australia

Atlantik

Atlántico

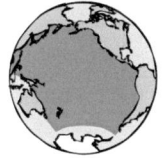

Pacifik

Pacífico

Indijski okean

Océano Índico

Antarktički okean

Océano Antártico

Arktički okean

Océano Ártico

Sjeverni pol

polo norte

Južni pol
....
polo sur

Antarktik
....
Antártida

Zemlja
....
Tierra

zemlja
....
tierra

more
....
mar

ostrvo
....
isla

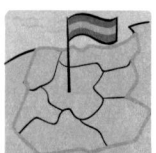

nacija
....
nación

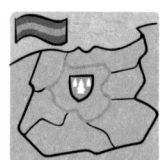

država
....
estado

brojčanik sata

esfera

kazaljka sata

manecilla de las horas

kazaljka minute

minutero

kazaljka sekunde

segundero

Koliko je sati?

¿Qué hora es?

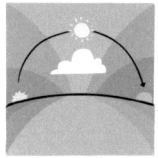

dan

día

vrijeme

hora

sada

ahora

digitalni sat

reloj digital

minuta

minuto

sat

hora

ponedjeljak
lunes

srijeda
miércoles

petak
viernes

utorak
martes

četvrtak
jueves

subota
sábado

nedjelja
domingo

juče
ayer

danas
hoy

sutra
mañana

jutro
mañana

podne
mediodía

veče
tarde

radni dani
días hábiles

vikend
fin de semana

kiša
lluvia

duga
arco iris

vjetar
viento

snijeg
nieve

proljeće
primavera

jesen
otoño

ljeto
verano

zima
invierno

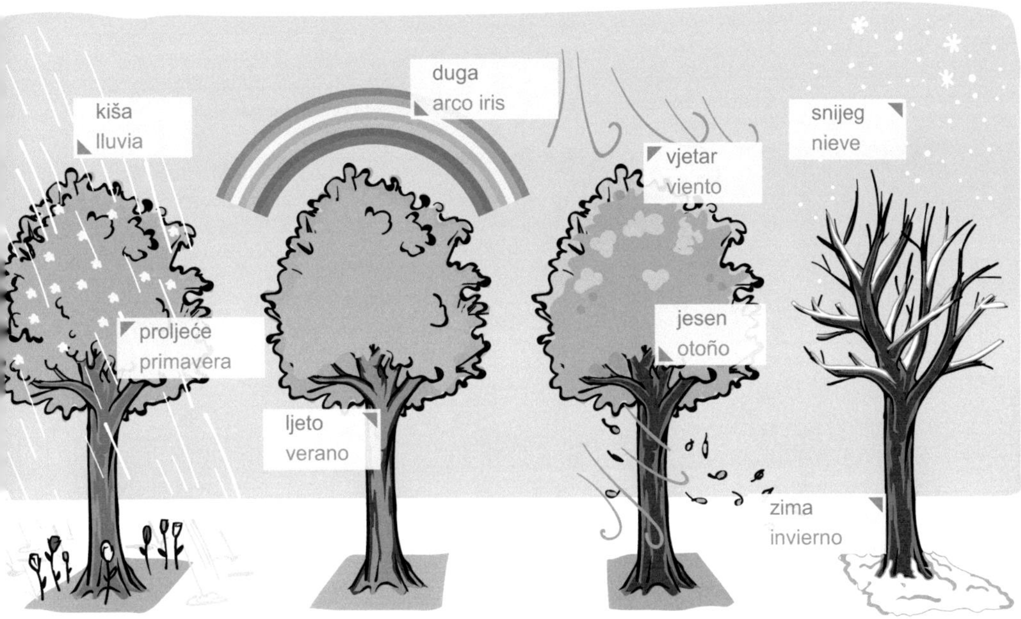

prognoza vremena

pronóstico meteorológico

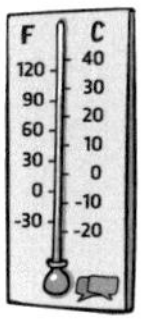

termometar

termómetro

sunčev sjaj

luz del sol

oblak

nube

magla

niebla

vlažnost vazduha

humedad

munja

rayo

grom

trueno

oluja

tormenta

tuča, led

granizo

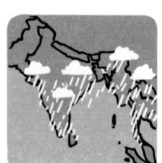

monsun

monzón

poplava

inundación

led

hielo

januar

enero

februar

febrero

mart

marzo

april

abril

maj

mayo

juni

junio

juli

julio

avgust

agosto

septembar
....
septiembre

oktobar
....
octubre

novembar
....
noviembre

decembar
....
diciembre

oblici
formas

krug
....
círculo

kvadrat
....
cuadrado

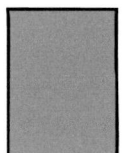

pravougao
....
rectángulo

trougao
....
triángulo

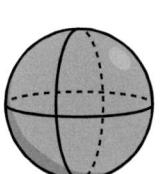

kugla
....
esfera

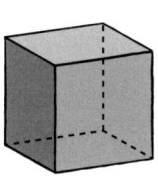

kocka
....
cubo

bjel

blanco

žut

amarillo

narandžast

naranja

pink

rosa

crven

rojo

ljubičast

violeta

plav

azul

zelen

verde

smeđ

marrón

siv

gris

crn

negro

malo / mnogo

mucho / poco

ljutit / miran

enojado / tranquilo

lijep / ružan

lindo / feo

početak / kraj

principio / fin

veliki / mali

grande / chico

svijetlo / tamno

claro / oscuro

brat / sestra

hermano / hermana

čist / prljav

limpio / sucio

potpun / nepotpun

completo / incompleto

dan / noć

día / noche

mrtav / živ

muerto / vivo

široko / usko

ancho / angosto

ukusno / neukusno

comestible / no comestible

zao / prijatan

malo / amable

uzbuđen / dosadan

entusiasmado / aburrido

debeo / mršav

gordo / flaco

najprije / najkasnije

primero / último

prijatelj / neprijatelj

amigo / enemigo

pun / prazan

lleno / vacío

trvd / mekan

duro / blando

težak / lagan

pesado / liviano

glad / žeđ

hambre / sed

bolestan / zdrav

enfermo / sano

ilegalan / legalan

ilegal / legal

inteligentan / glup

inteligente / estúpido

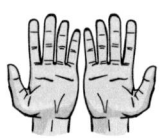

lijevo / desno

izquierda / derecha

blizu / daleko

cerca / lejos

suprotnosti - opuestos

nov / polovan

nuevo / usado

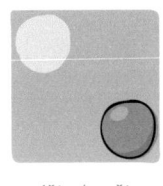

ništa / nešto

nada / algo

star / mlad

viejo / joven

uključeno / isključeno

encendido / apagado

otvoreno / zatvoreno

abierto / cerrado

tiho / glasno

silencioso / ruidoso

bogat / siromašan

rico / pobre

tačno / pogrešno

correcto / incorrecto

hrapav / glatak

áspero / suave

tužan / srećan

triste / contento

kratak / dug

corto / largo

spor / brz

lento / rápido

mokro / suho

mojado / seco

toplo / hladno

caliente / frío

rat / mir

guerra / paz

suprotnosti - opuestos

brojevi
números

0

nula
cero

1

jedan
uno

2

dva
dos

3

tri
tres

4

četiri
cuatro

5

pet
cinco

6

šest
seis

7

sedam
siete

8

osam
ocho

9

devet
nueve

10

deset
diez

11

jedanaest
once

12

dvanaest

doce

13

trinaest

trece

14

četrnaest

catorce

15

petnaest

quince

16

šesnaest

dieciséis

17

sedamnaest

diecisiete

18

osamnaest

dieciocho

19

devetnaest

diecinueve

20

dvadeset

veinte

100

sto

cien

1.000

hiljada

mil

1.000.000

milion

millón

engleski

inglés

američki engleski

inglés americano

kinesko mandarinski

chino mandarín

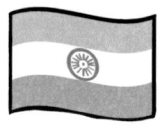

hindi

hindi

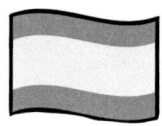

španski

español

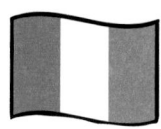

francuski

francés

arapski

árabe

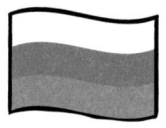

ruski

ruso

portugalski

portugués

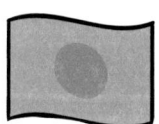

bengalski

bengalí

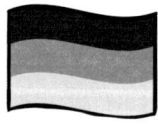

njemački

alemán

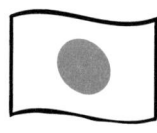

japanski

japonés

ja
yo

ti
vos

on / ona / ono
él / ella

mi
nosotros

vi
ustedes

oni
ellos

ko?
¿quién?

šta?
¿qué?

kako?
¿cómo?

gdje?
¿dónde?

kada?
¿cuándo?

ime
nombre

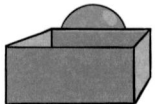

iza

detrás

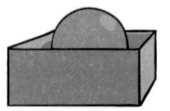

u

en

pred

adelante de

iznad

por encima de

na

sobre

ispod

debajo de

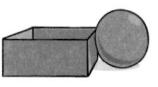

pored

al lado de

između

entre

mjesto

lugar